Ich kam - woher?
Ich gehe - wohin?

Leben nach dem Tod, die Reise Deiner Seele

Verlag DAS WORT GmbH

13. Auflage April 2010

Max-Braun-Str. 2, 97828 Marktheidenfeld
Tel. 09391/504-135, Fax 09391/504-133

Internet: http://www.das-wort.com

Druck: Santec Druckerei GmbH, Marktheidenfeld

ISBN 978-3-89201-296-2

Wenn ich komme,
weiß niemand, wer ich bin
und woher ich komme.

Wenn ich gehe,
weiß niemand, wer ich war
und wohin ich gehe.

Dieses Buch enthält Wissen
aus höchsten, geistigen Bereichen.
Es gibt Antworten auf Fragen,
die so alt sind
wie die Menschheit selbst.

Inhaltsverzeichnis

Vorwort

Täglich sterben Menschen. Die meisten von uns fürchten sich vor dem Sterben. Sie haben Angst und fragen sich: „Was wird danach mit mir sein?"

Viele sagen: „Wir wissen nicht, was danach ist. Keiner ist jemals aus dem Jenseits zurückgekommen." Auch die christlichen Kirchen haben auf diese existentielle Lebensfrage keine zufriedenstellende Antwort.

Wer nur das Dasein zwischen Geburt und Tod als „das Leben" ansieht, dem muss sein Woher und Wohin als Geheimnis erscheinen.

Nicht Geheimnis, sondern Wahrheit ist es, was viele nicht mehr wissen und was darum in dieser Schrift dargelegt wird: Dass der Tod nicht ein Abschneiden unseres Lebensweges bedeutet, sondern das Tor zu seiner Fortsetzung auf einer anderen Seinsebene ist. Das Tor zu einem Leben, das um so lichtvoller sein wird, je bewusster der Mensch die Aufgaben seines Erdenlebens bewältigt hat.

Der Tod, eine Station auf der Wanderung unserer Seele hin zum vollkommenen Leben!

Erfassen wir, was Leben wirklich ist, so verliert der Tod seine Schrecken. Die Realität unseres Lebens setzt sich fort. Wir bestimmen selbst das Wie.

Christusfreunde im Universellen Leben
Würzburg, im September 1986

I.

Ich kam – woher?
Ich gehe – wohin?

Leben nach dem Tod,
die Reise Deiner Seele

Einführung

Was ist das Leben?

Ist Leben, unser Leben, nur die Spanne zwischen dem Anfang und dem Ende des Erdenlebens, zwischen Geburt und Tod, jenen beiden unausweichlichen Ereignissen, die beide für alle Beteiligten meistens mit Schwierigkeiten und häufig mit Schmerzen verbunden sind? Kann über das Leben wirklich nichts anderes gesagt werden, als dass ein Mensch, von seinen Eltern gezeugt, sich im Mutterleib entwickelt, bis er geboren wird, dass er einige Jahrzehnte lebt, stirbt, begraben wird und sich wieder in seine materiellen Bestandteile auflöst? Ist die Seele nur ein Produkt des Erdenkörpers, das mit diesem zusammen vergeht? Ist der Organismus lediglich von den Erbanlagen der Eltern und Voreltern bestimmt, ein Körper, der sich nach den Gesetzen der Vererbung entwickelt und aufbaut?

Viele sind davon überzeugt, andere wiederum haben mehr oder weniger klare Vorstellungen von einem Weiterexistieren des Menschen oder eines Teils von ihm, seiner Seele. Sie glauben, dass der Verstorbene im Grabe ruhe bis zu seiner Auferstehung und lassen in die Grabsteine meißeln: „Ruhe sanft". Sie sind der Meinung, dass der materielle Körper trotz der offensichtlichen Auflösung wieder auferstehen kann.

Wer die christlichen Kirchen über Leben und Tod befragt, muss feststellen, dass sie über das, was nach dem Tode kommt, keine schlüssigen Aussagen zu machen vermögen, da die Bibel zu diesem Thema keine konkreten Angaben enthält. Viele kirchlich Gebundene fürchten, nach dem Tode unter Umständen in der Hölle leiden zu müssen oder nach dem Endgericht in die ewige Verdammnis geworfen zu werden.

Der moderne, aufgeklärte Mensch des 20. Jahrhunderts weicht dem Thema „Tod" gern aus. Er hält für real und existent, was er unmittelbar mit seinen fünf Sinnen erfahren, mit seinem Intellekt erfassen kann. Er erkennt sich in seiner körperlichen Existenz und erlebt, dass er in äußerlich wahrnehmbare Lebensabläufe verwoben ist. Das Woher und Wohin, das Warum und Wieso seines Schicksals bleibt ihm zwar rätselhaft, aber das äußerlich Erfahrbare erscheint ihm konkret greifbar als sein Leben. Aufgrund dieses von der materiellen Sichtweise gekennzeichneten Bewusstseins scheut er begreiflicherweise davor zurück, ein Ende dieses Daseins, seinen Tod, ins Auge zu fassen, denn er meint, der Tod müsse seine Existenz auslöschen.

So liebt der Mensch dieses Leben, das ihm außer Widrigkeiten ja auch etliches Angenehme und Reizvolle zu bieten hat. Er möchte lange leben und möchte auch andere nicht sterben sehen. Freunde und Verwandte möchten oftmals einen bereits vom Tode Gezeichneten noch halten.

Angst und Unwissenheit hatten Sterben und Tod mit einem Tabu belegt. Erst vor wenigen Jahren hat sich diese Einstellung gewandelt, nachdem es sich einige Ärzte zur Aufgabe gemacht haben, die Sterbenden zu begleiten und sie nicht „abzuschieben“, wenn eine weitere ärztliche Bemühung zwecklos erscheint.

Die Erfahrungen im Grenzbereich des Todes gaben Anlass zu Nach- und Umdenken. Sie ermutigten, den eng gewordenen Horizont der Erkenntnis über das Leben zu erweitern. Eine große Anzahl von Menschen ahnen oder glauben bereits an den Wahrheitsgehalt jener Lebensauffassungen, die die Menschen in weniger materialistisch geprägten Ländern dieser Erde haben, in denen man den Tod als Station in einer ganz natürlichen Ordnung des Lebens sieht. Dort ist man überzeugt, dass nach dem Sterben des physischen Körpers der „Tote“, d.h. seine Seele, weiterlebt. Größtenteils ist auch bekannt, dass die Seele zu verschiedenen Zeiten in unterschiedlichen Menschenkörpern mehrere Erdenleben durchlaufen kann.

Auch bei uns weiß der schlichte Volksglaube von der Weiterexistenz. Wenn heute die Sterbeforscher ihre wissenschaftlichen Beobachtungen veröffentlichen, so lesen wir manches, das durchaus nicht neu ist. Denn naturwissenschaftliche Theorien und kirchliche Dogmen konnten zwar uraltes Wissen aus unserem Bewusstsein verdrängen, jedoch keineswegs widerlegen oder gar mit dem Leugnen der Gegebenheiten diese Gegebenheiten ändern.

Was in dieser Schrift dargelegt wird, schließt an die Grunderfahrungen der Menschheit an, korrigiert jedoch vieles und geht teilweise über das bisher Bekannte weit hinaus bis in die Welt jenseits der Materie, in die des Geistes. Von dort, aus dem Geiste, stammt das Wissen, aus dem wir hier weitergeben. Die Grundwahrheiten des Lebens wurden zu allen Zeiten und werden auch heute wieder vom Gottesgeist durch Prophetenmund unmittelbar offenbart. Wir haben dieses Wissen aus göttlicher Quelle lediglich in unsere Worte gekleidet.

Tod ist keine Vernichtung, sondern Verwandlung

"Vita mutatur, non tollitur"

Das Leben wird nicht zerstört, sondern verwandelt *(alte Grabinschrift)*.

Alles ist Energie, und von dieser Energie kann nichts verlorengehen!

Das Leben ist eine Energieform! So wie unsere Naturwissenschaftler bis heute noch nicht eindeutig zu definieren vermögen, woher Energie kommt, warum und wie sie entsteht, so können sie auch das Leben nicht deuten, nur beschreiben. Diese Energieform, das Leben, entzieht sich dem naturwissenschaftlichen Zugriff ebenso wie unsere Seele.

Die Seele ist ein wesentlicher Teil des Lebewesens „Mensch". Wo war sie, bevor der Mensch geboren wurde? Wo bleibt sie, wenn der Körper sich wieder in seine Bestandteile auflöst?

Als lebender Organismus wird der materielle Körper durch Umwandlung von Materie aufgebaut. Nach dem Tod, bei dem das Leben aus ihm schwindet, löst er sich wieder durch Umwandlung in seine materiellen Bestandteile auf. Doch was geschieht mit dem „Leben", was geschieht mit der Seele?

Eine Forschung, die nur auf die Materie ausgerichtet ist, kann trotz größter wissenschaftlicher Bemühung das jedermann Selbstverständlichste nicht erklären, das Leben, das uns in Gestalt von Tieren, Pflanzen und Mikroben millionenfach umgibt. Aus den Eiern eines Schmetterlings entsteht eine Raupe, diese Raupe hüllt sich später in einen Kokon ein, sie verpuppt sich. Aus der Puppe wiederum sehen wir den neuen Schmetterling schlüpfen. Das Leben wandelt sich, doch es geht nicht verloren!

In Seinen neuen Offenbarungen erklärt uns der Gottesgeist, dass alles Energie ist. Leben ist Energie – es kann nicht zerstört, vernichtet werden. Nur seine Form kann sich wandeln. Leben in seiner ursprünglichen Form ist geistig, ja, Leben ist Geist. Unsere Seele ist geistige Existenz, eine geistige Lebensform.

Für viele Menschen außerhalb unserer westlichen Zivilisation gehört es zum Grundwissen, dass die Seele bereits vor der Zeugung des Menschen vorhanden ist und dessen Tod „überlebt". Demnach sind wir schon vor unserer Geburt da, in Gestalt unserer Seele, die sich als geistiger Körper im geistigen Bereich aufhält.

Das erfahren wir auch in den neuen Offenbarungen und weit mehr:

Unsere Seele ist seit langem auf der Wanderung. Einst kam sie aus den reinen geistigen Welten. Dorthin, heim zum ewigen Vater in die himmlischen Lichtreiche, reist sie nun zurück. Ihre Wanderung führt durch die Seelenreiche, die Reinigungsbereiche. Unter bestimmten Voraussetzungen darf sie in einen Menschenkörper „schlüpfen", um in einem Erdenleben in Raum und Zeit einen Teil ihrer Belastungen abzulegen. Gelingt ihr dies, so kann sie ihren Heimweg in lichteren Welten der Reinigungsbereiche fortsetzen. Sie ist dann auf ihrem Weg vorangeschritten.

Das Erdenleben ist also nur eine Zwischenstation auf dem Reiseweg der Seele, auf dem es darauf ankommt, durch die geistige Höherentwicklung die ursprüngliche Reinheit, die ursprüngliche Lichtkraft, die ursprüngliche hohe Schwingung wieder zu erreichen.

Die Seele, das geistige Gebilde mit bestimmten, ganz spezifischen, gleichsam „persönlichen" Merkmalen, nähert sich bei der Zeugung und tritt bei der Geburt des Kindes ganz in den materiellen menschlichen Körper ein. Sie bleibt mit ihm bis zu dessen physischen Tod verbunden.

Alle Lebensvorgänge des Menschen haben ihren Ursprung in der Seele. Durch die Seele fließt die göttliche Energie des Lebens in den physischen Leib ein und belebt ihn.

Alles ist Energie, auch unser Empfinden, Denken, Reden und Tun! Die Seele ist das „Buch des Lebens". In ihr wird alles gespeichert, in ihr bleibt auch nach dem Ablegen des irdischen Körpers wirksam, was der Mensch einst empfand, dachte, redete und tat. Das bedeutet: Wir nehmen unsere Identität, unser Bewusstsein, unsere Fehler und Schwächen, aber auch unsere innere Freude, die Hinwendung zu Gott, mit in die geistigen Bereiche. Negatives belastet unsere Seele, verschattet und verdunkelt sie. Positives Denken und Handeln erleichtert die Seele, lässt sie lichter werden.

Es sollte unsere wichtigste Aufgabe sein, am Ende des Erdenlebens eine positive Bilanz zu haben, also eine Seele, die von etlichen Lasten und Verschattungen befreit ist. Es kommt darauf an, was wir aus diesem Leben mitnehmen. Es kommt darauf an, wie dunkel oder wie hell unsere Seele ist, wenn wir sterben, denn das bestimmt den weiteren Weg unserer Seele nach unserem physischen Tod.

Wie vollzieht sich das Sterben? Was erlebt die Seele, wenn sie ihren Leib verlässt?

Für jeden Menschen kommt nach Ablauf seiner Erden-Lebenszeit das Scheiden seiner Seele aus dem Körper. Für das „Sterben" gibt es jedoch keine Norm, jeder Mensch stirbt anders!

Die moderne Sterbeforschung bezieht ihre Kenntnisse aus Berichten von klinisch tot Gewesenen, die wieder zum Leben erweckt wurden. Diese Menschen hatten häufig einen mehr oder weniger plötzlichen, gewaltsamen Tod erlitten, der sich jedoch als noch nicht endgültig erwies.

Die Berichte sind gleichartig:

Die erste Erfahrung ist häufig ein Schweben außerhalb und oberhalb des physischen Körpers. In diesem Zustand nimmt die Seele die reale Umwelt und alle Vorkommnisse, etwa im Operationssaal oder an der Unfallstelle, genauestens wahr. Oft erlebt die Seele anschließend, wie sie durch einen dunklen Tunnel gleitet oder aber auf einen Lichtpunkt zu. Manche erfahren, dass sie in helles Licht gelangen und Klänge, Harmonien oder eine Art von Sphärenmusik vernehmen. Diese Seelen haben sich jedoch noch nicht vollständig vom Körper gelöst, so dass Wiederbelebungsversuche erfolgreich sind.

Ganz anders verläuft der natürliche Sterbevorgang, bei dem sich die Zurücknahme des Lebens normalerweise über Jahre hinzieht: Von Zeit zu Zeit treten Kreislaufschwierigkeiten auf, das eine oder andere Organ arbeitet nicht mehr wie bisher, der Körper wird immer schwächer.

Der Seele selbst werden während dieser Zeit viele Möglichkeiten geboten, sich auf die Lösung von ihrem Körper vorzubereiten. Im Tiefschlaf des Körpers kann die Seele austreten und mit ihrem Schutzgeist die „Bewegungsfreiheit" üben. So wie ein Kranker, der längere Zeit bettlägerig war, erst wieder einmal das Gehen lernen muss, so muss auch die Seele ihre Bewegungsfreiheit im geistigen Bereich erst wieder erlernen.

Schließlich legt sich der Mensch zum Sterben nieder. Unmittelbar vor dem Austritt der Seele rollt noch einmal, wie im Zeitrafferfilm, das gesamte Leben ab. Die Seele bewertet voll bewusst bis zur letzten Empfindung ihre Vergangenheit, das soeben abgelaufene Erdenleben. Sie bewertet es nach anderen Gesichtspunkten, als der Mensch es zuvor getan hatte. Das entscheidende Kriterium ist nun das der verwirklichten selbstlosen Liebe. So wird die Seele selbst zum Richter über das Denken und Tun des eigenen Menschen.

Hatte sich der Mensch auf seinen Tod vorbereitet, so kann sich seine Seele relativ einfach vom Körper lösen. Geistige Wesen sind ihr dabei behilflich, ihr Schutzgeist und Seelen von ehemaligen Freunden und Verwandten. Sie begrüßen die aus der Materie scheidende Seele und helfen ihr, ihren Platz im Jenseits einzunehmen.

Hatte sich der Mensch jedoch nicht auf seinen Tod vorbereitet, lebte er ganz in der Materie, ohne geistiges Streben, ohne eine konsequente Ausrichtung auf Gott, dann ist sein Sinnen und Trachten, sein ganzes Bewusstsein, so sehr auf die erdenmenschlichen Lebensbedingungen fixiert, dass er krampfhaft daran festhält. Er kann sich über die materielle menschliche Existenz hinaus kein Leben vorstellen und wehrt sich gegen den Tod.

Auch dieser Seele möchten Geistwesen helfen, damit sie sich leichter vom Körper lösen kann. Solange aber der Mensch seinen Tod nicht annehmen bzw. wahrhaben will, sind ihrer Hilfsbereitschaft enge Grenzen gesetzt. Die reinen Geistwesen beachten den freien Willen

Die Seele, die so sehr auf dieses irdische Leben ausgerichtet ist, bleibt auch nach ihrem Austritt aus dem irdischen Körper noch mit diesem mehr oder weniger durch Energieströme verbunden. Sie klammert sich gewissermaßen an ihr physisches Haus, da auch sie glaubt, Leben sei nur im materiellen Körper möglich. Sie empfindet noch, was mit dem entseelten Körper geschieht, gleich, ob er zu Grabe getragen oder in das Krematorium gebracht wird.

Die Seele löst sich entsprechend ihrem Entwicklungsstand

So, wie der Mensch gelebt hat, so, wie er seine Seele ausgerichtet hat, so empfindet und lebt die Seele weiter!

Was geschieht mit einer Seele z.B. bei einem tödlichen Unfall? Wird die Seele durch Gewalteinwirkung gleichsam aus dem Körper hinausgeschleudert, so kann sie sich nicht gesetzmäßig von ihrem Leib lösen. Das bedeutet, dass sie trotz ihrer Entkörperung noch mehr oder weniger stark mit dem physischen Leib verbunden ist, je nach der geistigen Ausrichtung des Menschen.

Bei dieser gewaltsamen Trennung ist es der Seele selten möglich, sich sofort zurechtzufinden, obwohl Geistwesen oder andere Seelen sich um sie bemühen. Wegen des Schocks, den die Seele erlitten hat, glaubt sie, immer noch im Leibe zu sein, da sie den augenblicklichen Schrecken und den momentanen Schmerz noch lange in sich nachempfindet und kein Unterscheidungsvermögen entwickelt hat.

Der Arzt kann schon längst den physischen Tod festgestellt haben, der Leichnam kann bestattet sein, und die Seele glaubt sich immer noch mit ihrem Körper verbunden. Wegen dieses Schocks kann die Seele unter Umständen nicht nur Tage, sondern sogar Wochen und Monate oder noch länger in der Vorstellung leben, noch

Mensch zu sein, vielleicht krank oder unfallgeschädigt, jedoch nicht tot!

Sie lebt in diesen Eindrücken weiter, die sie als Bilder empfindet. In diesen Seelenbildern glaubt sie, real im physischen Leib zu leben, zu empfinden, zu denken, zu reden und zu handeln. Sie geht vielleicht ihrer einstigen Arbeit nach, weil sie glaubt, immer noch Mensch zu sein. Sie bewegt sich im Straßenverkehr und benützt unsere Verkehrsmittel. Sie hat jedoch nach dem Austritt aus dem Körper kein Gefühl mehr. Oft irrt sie lange über diese Erde, bis sie bemerkt, dass manches anders ist, als sie es als Mensch gewohnt war. Sie geht vielleicht zu ihren Freunden und fragt sich: „Mich beachtet kein Mensch mehr, mein Arbeitsplatz ist von einem anderen besetzt, ich bin ganz allein. Was ist mit mir los?"

Erst nach einer solchen Erkenntnis kann die geistige Welt auf die Seele einwirken. Erst wenn der Seele bewusst wird, dass sie ein feinstoffliches Wesen ist und ihr Körper längst begraben ist, kann sie infolge der Tätigkeit ihres Schutzengels erwachen und, entsprechend ihrem Bewusstseinsstand, ihre Wanderung aufnehmen: Die eine Seele lässt sich belehren und in die Seelenreiche führen, die andere geht vielleicht zum Grab und wartet dort auf die Auferstehung des Fleisches, so wie sie es „zu Lebzeiten" gelehrt wurde.

Wie zu Anfang gesagt, speichert die Seele alles, was der Mensch im Laufe seines Lebens erfährt, also auch alle religiöse Belehrung. Wurde der Mensch in den Denkweisen einer Konfession erzogen und hat er diese als Wahrheit anerkannt, so wird seine Seele auch über den Tod hinaus bei diesem Bekenntnis bleiben. Dies ist vor allem dann der Fall, wenn die Kirche ihn davon überzeugen konnte, dass nur sie allein selig zu machen vermag und dass dazu die Anerkennung aller ihrer Lehren Voraussetzung ist. Ist diese Seele dann entbunden, lebt sie weiter in der Vorstellung, sie gehöre immer noch ihrer Kirche an. Sie glaubt immer noch, sie könne Gott nur in einem Kirchengebäude finden.

Doch Gott ist nicht an einen Ort gebunden, sondern als universeller Geist allgegenwärtig, auch in der Seele selbst! Solange eine Seele das nicht erfasst hat, solange sie also an dem festhält, was irdische Lehrer ihr als Wahrheit einprägten, bleibt dieser Einfluss weiterhin bestimmend für sie. Dann verschließt sie sich dem, was lichte Boten der ewigen Wahrheit ihr nahebringen möchten, und wird ihren Weiterweg im Jenseits nicht finden können und immer wieder eine neue Inkarnation anstreben.

Wie anders ist der Hinübergang eines wirklich mit Gott verbundenen Menschen! Hier kann man von „Heimgang" sprechen. Dieser Mensch weiß, dass seine Seele von Gott kommt und von Ihm ihre Lebensenergie erhält. Er weiß, dass in seiner Seele sein ewiges, unsterbliches Leben liegt. Die Seele, das Kind Gottes, ist immer mit ihrem Vater in Verbindung und möchte zu Ihm wieder zurückkehren. Der Mensch weiß, dass dieser materielle Körper einem Kleid zu vergleichen ist, das, wenn es nicht mehr benötigt wird, einfach abgelegt werden kann. Seine Seele empfängt Jahre vor seinem Heimgang Impulse mit sinngemäßem Inhalt: Trenne dich nach und nach von deinem menschlichen Körper.

Besondere Lichtschwingungen fließen in die Seele ein. Ganz langsam nimmt sie ihre Ströme des Lebens aus dem physischen Leib zurück und speichert diese Kräfte. Um diesen gottverbundenen Menschen sind Seelen aus höheren Regionen, beim Hinübergehen ehemalige Familienmitglieder und der Schutzgeist. Die Seele, die noch im Menschen ist, fühlt sich glücklich, denn sie weiß, Gott, der Herr, ruft sie zurück.

Der Mensch darf, wenn er auf den sogenannten Tod wartet, noch einmal zurückblicken. Er überschaut sein Leben und vergibt, wo zu vergeben ist. Er darf vielleicht sogar Wesen ferner Welten sehen und empfindet die Fülle, die ihn umgibt. Dann schließt der irdische Leib die Augen, atmet einige Male kräftig: der Mensch sieht noch einmal Geistwesen oder höher entwickelte, lichte Seelen – dann atmet er endgültig aus, und die Seele ist aus dem Körper ausgetreten. Im selben Augenblick entfaltet sich dieses feinstoffliche, flexible Gebilde. Die Seele hat ihre „Standfestigkeit" und lebt bewusst und freudig in dem geistigen Schwingungsbereich, in den sie hinübergetreten ist.

Die Seele ist von Licht umgeben. Der Schutzgeist oder Seelen aus höheren Welten klären sie auf. Die Seele empfindet Melodien, es sind Schwingungen des Planeten, zu dem die Seele tendiert.

Jede Seele wird, ihrem Zustand entsprechend, anders geführt. Sie sieht vielleicht eine Straße, vielleicht einen Tunnel, vielleicht eine wunderschöne Wiese. Die gottverbundene Seele schaut sich noch einmal kurz um, bittet um Beistand für die trauernden Angehörigen und geht weiter.

Diese Seele hat in dem hinter ihr liegenden Erdenleben einen Fortschritt erreicht. Sie ist dem Vater, nach dem sie sich sehnt, ein Stück nähergekommen, einige Schritte weiter auf dem Heimweg zurück ins Licht.

Wo werden unsere Seelen einst sein?

Nach dem geistigen Gravitationsgesetz: Gleiches strebt zu Gleichem, wird die Seele in die ihr entsprechende Reinigungsebene, zu den ihr entsprechenden Reinigungsbereichen, zu den ihr entsprechenden Seelen ziehen.

War der Mensch in seinem Leben ichbezogen, war er von seinen Trieben und Wünschen bestimmt, wollte er haben und besitzen, liebte er nicht selbstlos, hasste und neidete er, ging er nur seinen Vergnügungen nach, so prägten sich diese Belastungen seiner Seele ein. Was der Mensch nicht schon während seines Erdenlebens erkennen und abbauen konnte, nimmt die Seele nach Ablegen des physischen Körpers mit.

Die Seele kann sich im Jenseits ebenfalls weiter- und höherentwickeln, wenn auch nicht so rasch und einfach wie auf Erden im Menschenkörper. Ist sie aber nicht in der Lage, ihre eigentliche Aufgabe zu erfassen oder anzunehmen, so wird sie sich in den Astralbereichen zu all denen gesellen, die gleiche Interessen haben, oder sie wird sich zurück zur Erde wenden und dort die Plätze aufsuchen, wo sie einst ihre Leidenschaften befriedigte.

Seelen, in denen der Sog zur Materie besonders stark ist, vor allem solche, die „süchtig" sind, finden selten in den Astralbereichen ihren Bestimmungsort. Sie kehren als sogenannte „erdgebundene" Seelen auf diese Erde zurück und versuchen, Menschen mit gleicher Schwingung zu beeinflussen, da diese das ausführen können, wozu die Seelen selbst nicht mehr in der Lage sind.

So sind Millionen von unwissenden, „erdgebundenen" Seelen unter uns, umgeben uns überall, weil sie an unserem Leben teilhaben wollen. Sie hängen sich förmlich wie Trauben an jene Menschen, die nur im Irdisch-Materiellen leben, denn diese können sie beeinflussen, von diesen können sie auch Lebenskräfte „abzapfen".

Wenn wir also Gedanken und Empfindungen hegen, die ungut, negativ sind, geben wir damit jenen „erdgebundenen" Seelen die Möglichkeit, auf uns Einfluss zu nehmen. Diese Seelen, die unserem niederen, abgesunkenen Schwingungszustand entsprechen, entziehen uns dabei Kraft und versuchen, uns in dieser niederen Schwingung festzuhalten, uns möglichst noch weiter herabzuziehen.

Hat der Mensch bereits seine Seele auf höhere Regionen ausgerichtet, wird diese nach der Entkörperung auch von höheren Welten angezogen werden! Hat sich die Seele Gott, dem ewigen Sein, zugewendet, so kann sie auch von den hohen Kräften des Seins geführt werden. Sie wird die Belehrungen erfahren, die sie braucht. Sie wird die Erkenntnisse gewinnen, die sie voranschreiten lassen. Ihr geistiges Bewusstsein wird sich nach und nach erweitern, die ihr innewohnenden göttlichen Kräfte werden sich entfalten. Die Seele nimmt die Schulung und die Belehrung an, sie wird sich auch im Seelenbereich weiter entwickeln.

Aus dem Dargelegten ersehen wir: Hat sich eine Seele von ihrem Körper gelöst, so wird sie sich in einer Welt wiederfinden, die nicht fremd für sie ist, sondern die ihrem Bewusstseinsstand entspricht. Wer wissen möchte, wie für ihn diese Welt aussieht, braucht sich nur um Selbsterkenntnis zu bemühen. In die Welt, auf die sich der Mensch bereits ausgerichtet hat, wird die Seele gehen!

Wir brauchen uns also nur selbst zu fragen: „Sind meine Gedanken positiv oder negativ? Sind sie geprägt von Neid, Hass, Missgunst, Eifersucht, Habsucht, Feindschaft, Streit? Oder sind sie dem Nächsten gegenüber liebevoll und selbstlos?“ Aus den Antworten können wir entnehmen, wie es zur Zeit mit unserem Menschen und mit unserer Seele bestellt ist. Von derselben Art ist auch der jenseitige Bereich, zu dem wir jetzt tendieren.

Was bedeutet Trauer der Hinterbliebenen für die Seele?

Stirbt ein Mensch, so hinterlässt er trauernde Hinterbliebene. Oft genug bedeutet das Sterben eines Menschen einen tiefen, schmerzlichen Einschnitt in das Leben der Angehörigen und gibt diesem eine völlig neue Ausrichtung. Schmerz und Trauer sollten jedoch möglichst rasch von den Zurückbleibenden bewältigt werden. Es fällt den meisten Menschen schwer, den Tod eines geliebten Menschen hinzunehmen, ohne um ihn zu trauern. Dieses Ereignis auch anzunehmen, also an den Sinn dieses Geschehens zu glauben, ohne ihn vorerst voll erfassen zu können, ist manchem noch nicht möglich. Er trauert.

Die Einsicht, dass der Tod eines geliebten Menschen in jedem Fall gut ist, auch wenn wir den Sinn im Augenblick nicht zu erkennen vermögen, ist meist erst nach einer Zeit der Trauer möglich.

Diese Trauer verspürt auch die entkörperte Seele und wird dadurch auf ihrem Weiterweg in ihrer Entwicklung aufgehalten. Wenn sich die Trauernden ohne Einsicht an den Dahingeschiedenen klammern, ihn festhalten wollen, ihn zurückwünschen, ihn also gleichsam als ihr Eigentum betrachten, so binden sie damit die Seele an diese Erdsphäre. Im Grunde denken sie nur an sich selbst und nicht an das Heil dessen, den sie so sehr zu lieben meinen. Ihre Liebe und Trauer sind in Wahrheit egoistisch.

Seelen haben eine viel höhere Empfindung als Menschen. Sie leiden unter den Schmerzen, die ihre Angehörigen ihretwegen empfinden.

Die Angehörigen sollten also der heimgehenden Seele liebevolle Gedanken mit auf den Weg geben und Gott bitten, dass die Seele auf ihrem Läuterungsweg weitergeführt wird. Keinesfalls sollte die Seele aufgehalten werden, weder durch Trauer und Klagen noch durch Wünsche an sie.

Wenn wir Gottes Gnade und Liebe voll erfassen könnten, müssten wir uns eigentlich freuen, dass eine „liebe" Seele uns vorausgegangen ist in jenes fremde Land und uns einst, wenn wir dieselbe Reise antreten, in den geistigen Welten empfangen wird.

Was ist der Sinn unseres Erdenlebens?

So tief das Erschrecken über den Tod eines Angehörigen auch manchmal sein mag, wir Menschen neigen dazu, den Tod schnell wieder aus unserem Bewusstsein zu verdrängen, denn er weist uns auf eine Perspektive des Lebens hin, die wir im bequemen, unbedachten Alltag leicht vergessen und oft vergessen wollen.

Jedes einschneidende Erlebnis in unserem Leben, jeder Schicksalsschlag, gibt uns Gelegenheit, uns zu besinnen, Einkehr zu halten. Leid führt uns von der Oberfläche des irdischen Dahinvegetierens in die Tiefe, berührt uns in Bereichen unserer Seele, in denen die Kräfte zu höherem Leben schlummern. Impulse des Geistes werden dann von uns wahrgenommen, die unser lautes menschliches Treiben sonst übertönte.

Wir sollten den Fingerzeig Gottes nicht übersehen, der uns darauf hinweist, wieder das Wesentliche zu erkennen. Wir sollten uns bewusst werden, dass der Sinn des Erdenlebens nicht darin besteht, das Erdenleben zu leben und es auszukosten.

Denn: Unser Erdenleben ist eine Schul- und Lernzeit. Diese Zeit sollten wir nutzen. Erreicht unsere Seele nicht das Lernziel des Erdenlebens, so wird der Mensch in weiteren Erdenleben vor dieselben Aufgaben gestellt werden und sich damit abmühen, bis alles gelöst und abgetragen ist.

Es ist daher wichtig, dass wir uns auf das Unvergängliche ausrichten. Es ist unsere Aufgabe, in unserem Leben alles Negative umzuwandeln in Positives, so dass im Lebensbuch am Schluss nur noch Positives als Bilanz steht. Dann kann die Seele durch den Läuterungsprozess wieder zum lichtvollen, reinen Geistwesen werden und zum Vater zurückkehren.

Dies ist nicht durch die Selbsterlösung möglich, sondern nur durch die Anerkennung Christi, der durch Sein Golgatha-Opfer in jede Seele eine zusätzliche Kraft gelegt hat, die uns stützt, hilft und heimführt. Diese Kraft nennen wir den Christus- oder Erlöserfunken. Wenn jedoch ein Mensch seine Lebensaufgabe nicht erkennt und nicht bereit ist, an sich zu arbeiten, sich zu läutern, und wenn er Christus nicht bewusst annimmt als seinen Erlöser, dessen Kraft die Umwandlung des Unguten in Gutes bewirkt, so wird seine Seele nicht weiterkommen. Sie wird in den Reinigungsebenen bei ihresgleichen bleiben nach dem Gesetz: Gleiches strebt zu Gleichem.

Wir leben in der Endzeit. Die Materie wird aufgelöst!

Fast 2000 Jahre lang mahnt uns der Geist immer und immer wieder, dass wir uns auf das Christus-Bewusstsein ausrichten sollen. Wir sollen erkennen, dass der Geist des Lebens *in* uns ist. Jeder von uns kennt die Gebote des Lebens, und keiner kann sagen: Ich habe davon nichts gewusst! Immer wieder werden wir darauf aufmerksam gemacht, auf unsere Seele, unseren geistigen, unsterblichen Körper zu achten, positiv zu denken, zu reden und zu handeln.

Es ist die Aufgabe unseres Lebens, das Gebot aller Gebote zu *leben*, d.h. zu verwirklichen und zu erfüllen: „Liebe Gott, deinen Vater, über alles und deinen Nächsten wie dich selbst!"

Haben wir in dieser geistigen Ausrichtung gelebt, dann kann sich unsere Seele nach dem leiblichen Tode befreien und sich weiterentwickeln.

Deshalb mahnt der Gottesgeist einen jeden: Achte auf deine Seele!

Die Seele verlässt ihre Hülle, den irdischen Leib. Dieser stirbt. Bei jedem Menschen wird dieser Loslösungsprozess anders verlaufen, doch ein Gesetz gilt für alle:

So, wie der Mensch gelebt hat, so empfindet und lebt auch seine Seele weiter!

Bemühen wir uns jetzt schon, dass unsere Seele frei wird von Belastungen und Schatten, dass sie rein wird und licht! Göttliche Kräfte in uns und um uns helfen uns dabei, unserem Ziel, der ewigen Heimat des Lichtes, des Friedens und der Liebe, Schritt für Schritt näherzukommen.

II.

Fragen
und
Antworten

Vorwort

Über das Thema dieser Schrift wurden in vielen Städten Seminare vom *Universellen Leben* veranstaltet. Bei den Aussprachen, die sich an die Vorträge anschlossen, zeigte sich immer ein großes Interesse für Fragen, die über den vorgetragenen Stoff hinausgingen, ihn ergänzten oder präzisierten. Sie wurden gesammelt und sortiert, wobei sich ergab, dass einige Fragen an verschiedenen Orten fast gleichlautend gestellt worden sind.

Es ist anzunehmen, dass auch die Leser dieser Schrift ähnliche Fragen haben werden; deshalb wird hier im Teil II eine Auswahl wesentlicher Fragen und Antworten beigefügt.

Hilfe für den Sterbenden

1. *Wenn eine Seele sich anschickt, ihren Leib zu verlassen, d.h. wenn ein Bruder oder eine Schwester in die Phase des Sterbens eintritt, wie sollen die Angehörigen und Freunde sich verhalten?*

Vergegenwärtigen Sie sich, was Sie täten, wenn ein geliebter Mensch eine längere Reise antritt. Da ist das Weh des Abschieds, denn wir werden diesen Menschen für eine längere Zeit nicht mehr bei uns haben. Wir werden ihm seinen Abschied liebevoll gestalten. Wir werden ihn vor allem nicht allein lassen, sondern bei ihm bleiben, bis er aus unserem Blickfeld geschwunden ist. Wir werden ihm helfen bei allem, was er vor seiner Abreise regeln, erledigen und noch in Ordnung bringen muss. Wir werden ihn mit positiven Gedanken der Zuversicht stärken, ihn mit guten Wünschen begleiten und ihm die Loslösung von der bisherigen Station seines Lebens nicht unnötig erschweren.

2. *Welche Hilfe können wir dem Sterbenden geben?*

Der Sterbende sollte nicht sich selbst überlassen sein. Es sollte ein Mensch bei ihm sein, der ihm von Herzen zugetan ist, der nicht auf die Seele und auf den Menschen einredet, sondern einfach *da ist,* in stillem Gebet und in liebevollen Gedanken. Wir können einem Menschen auf dem Sterbelager gut zusprechen. Wir sollten aber nicht erst in der letzten Sekunde alles noch gutmachen wollen, was ein Leben lang versäumt wurde. Behutsam sollten wir ihm das Wichtigste beibringen.

Unsere Hilfe sollte vor allem der Seele gelten, die sich zur Weiterreise anschickt. In den Stunden des Sterbens, also des Hinscheidens des Körpers, ist die Seele wacher als während ihres irdischen Lebens. So registriert sie jede Empfindung, jeden Gedanken, auch jedes Wort. Die Hilfe, die wir geben können, besteht hauptsächlich in einer Aufklärung und Vorbereitung dieser Seele auf ihren Übergang.

Wichtig dabei ist das Gebet, denn es hilft, eine Verbindung zu schaffen zu der geistigen Seinsform, in die die Seele nun hinübergleiten wird; und zwar das Gebet *mit* dem betreffenden Menschen, solange dies noch möglich ist, und aber auch das Gebet *für* ihn, d.h. für seine Seele, damit sie noch verzeihen und sich dadurch von manchen Lasten befreien kann.

3. *Was und wie lange dürfen wir direkt zu der Seele des Sterbenden und dann Verstorbenen reden?*

Wenn der Mensch schon bewusstlos ist, unmittelbar vor dem Hinübergehen, während des Hinübergehens und auch noch kurz danach. Wieviel und was man ihm sagt, hängt von der Seelenreife des Sterbenden ab. Ist sein Bewusstsein noch stumpf, darf man die Seele nur *kurz* über den Vorgang des Sterbens – über das Loslösen der Seele vom Körper – aufklären und soll sie dann auf ihren Schutzengel aufmerksam machen, bzw. sie zum Weitergehen auffordern. Alles

Weitere würde diese Seele nur zusätzlich an unsere Ebene binden.

Ist das Bewusstsein weiter entwickelt, kann man der Seele auch mehr sagen. Doch auch diese Seele soll man baldmöglichst liebevoll weitergeben.

4. *In unseren Massenmedien wird das Thema „Sterbehilfe" diskutiert. Was bedeutet für die Seele das Abkürzen des Leidens durch aktives Herbeiführen eines rascheren Todes z.B. aus Mitleid?*

Nicht alle Erleichterung, die ich dem Sterbenden gern verschaffen möchte, ist eine wirkliche Hilfe für seine Seele. Wir dürfen und sollten den leidenden und hinscheidenden Körper unterstützen, jedoch den sogenannten Tod weder mit Medikamenten hinausschieben noch das irdische Leben durch Medikamente verkürzen.

Echte, positive Sterbehilfe besteht nicht darin, einer Seele das Verlassen ihres physischen Körpers so angenehm wie möglich zu machen, indem ich ihn mit Medikamenten bewusstlos mache. Krankheit und Leiden haben die Funktion der Seelenreinigung. Krankheit und Leiden haben also, geistig gesehen, ihren guten Sinn. Sie erfüllen ihren Sinn um so mehr, wenn sie als Möglichkeit des Abtragens erkannt und angenommen werden.

5. *Demnach belastet sich ein Mensch, der eine solche aktive Sterbehilfe geleistet hat?*

Mehr oder weniger ja. Wer in den Ablauf des Lebens eingreift, einerlei, ob er diesen verkürzt oder um jeden Preis verlängert, belastet sich. Wenn ich von einem geistigen Gesetz weiß, und ich verstoße dagegen, dann wiegt dies schwerer, als wenn ich aus Unwissenheit und in gutem Glauben handle.

6. *Wenn ich „aktive Sterbehilfe" geleistet habe und im nachhinein erkenne, dass ich nicht recht gehandelt habe – wie kann mir die Seele vergeben?*

Nehmen Sie keine direkte Verbindung auf zu der Seele, da es gesetzwidrig ist, zu Verstorbenen Kontakt aufzunehmen, sondern beten Sie zu Gott, Er möge diese Seele belehren. Denn Christus ist in jeder Seele. Er ist die Verbindung. Durch Ihn können wir die Seele um Vergebung bitten.

Wir sollten also über die erlösende Kraft Christi die Seele um Vergebung bitten.

Medizinische Hilfe

7. *Handle ich im Sinne des Geistes richtig, wenn ich Blut spende?*

Jede Zelle des Leibes trägt die ganz spezifische Schwingung dessen, zu dem sie gehört. So dient sie ihm als Teil des Ganzen. Sie kann diese Funktion nur ausüben an dem Platze, an den sie gehört. Werden solche Zellen – hier das Blut – von einem Menschen auf einen anderen übertragen, so ergeben sich schwingungsmäßige Unstimmigkeiten. Wenn das Zusammenspiel der aufeinander abgestimmten Kräfte gestört wird, so wird das zu Schwierigkeiten führen. Transfusionen sind daher vom Geiste nicht befürwortet. Noch weniger Transplantationen. Deshalb bestehen gegen das Blutspenden dieselben Bedenken.

Ob aber ein Mensch diese Zusammenhänge zu erkennen und dieser Erkenntnis im akuten Notfall zu folgen vermag, wird von dem Stand seines geistigen Bewusstseins abhängen. Es steht niemandem zu, seinen Nächsten zu tadeln oder ihn gar zu verurteilen wegen einer Entscheidung, die dieser trifft; denn wir sollten immer den freien Willen des anderen achten.

8. *Wir haben alle die Pflicht, Leben zu erhalten. Wenn nun ein Kind lebensunfähig ist, und es wird durch ärztliche Eingriffe am Leben erhalten, so kann man doch nicht sagen, dass man unrecht an ihm gehandelt hat?*

Dass das Leben eines solchen Kindes erhalten wird, kann als Möglichkeit im Karma des Kindes begründet sein. Gleichwohl hat sich der Arzt nicht den geistigen Gesetzen entsprechend verhalten. Wenn einem Kind erlaubt ist, früh zu sterben, so sollen wir wissen, dass sich eine „Kinderseele" schneller entwickeln kann.

Zu Ihrer Aussage: „Wir haben alle die Pflicht, Leben zu erhalten" stelle ich die Frage: Welches Leben meinen Sie? Unser eigentliches Leben ist das geistige Leben, nicht das augenblickliche irdische.

9. *Aber es gibt doch keine Zufälle. Ärzte sind in diesem Fall Werkzeug. Ärzte müssen doch Ehrfurcht haben vor dem Leben?*

Jedes Wesen wird vor seiner Inkarnation informiert, was es im irdischen Leben erwartet. Wenn sich also ein kleines Kind nach nur einem irdischen Tag wieder verabschieden kann, so ist dies eine Gnade für die Seele. Wenn wir aber diese Seele „künstlich" zurückhalten, verschulden wir uns. Die heutige Entwicklung der Medizin ist nicht im Sinne der geistigen Gesetze.

Wenn das Kind am Leben erhalten werden kann, ist dies nur möglich, weil auch diese Möglichkeit in der Seele, im Karma des Kindes, begründet ist. Dennoch macht sich der Arzt „schuldig“, denn die Ärzte sollten so viel von den geistigen Gesetzen wissen, dass sie nur dann eingreifen, wenn es nach eben diesen Gesetzen zu verantworten ist. Generell gilt: Wir sollten uns in jedem Fall darum bemühen, den weisen Gesetzen unseres Himmlischen Vaters zu folgen und sie zur Richtschnur unseres Handelns zu machen. Die hohen Kräfte, die im Willen Gottes wirksam sind, führen uns immer unserem Heil zu, ob wir es momentan erkennen oder nicht.

Austritt der Seele aus dem Körper

10. Wie ist es, wenn die Seele bei Lebzeiten aus dem Körper austritt?

Die Seele kann vor allem im Tiefschlaf und während einer Bewusstlosigkeit aus dem Körper austreten, ist aber immer noch mit dem sogenannten Silberband (wie mit einer unendlich dehnbaren Nabelschnur) mit dem Körper verbunden.

Je nach ihrem Bewusstsein weilt dann die Seele in entsprechenden geistigen Bereichen und kann, wie wir von Reanimierten, d.h. zum Leben Zurückgerufenen, wissen, geistige Belehrungen von „Drüben" mitbringen.

Auch kann die Seele Sterbender zeitweilig aus dem Körper gehen. Einer Seele, die kurz vor dem Ablegen des Körpers steht, kann durch einen Blick in die himmlischen Bereiche der Abschied vom physischen Körper sehr erleichtert werden.

11. *Wie sieht die Seele nach dem Austritt aus dem Körper aus?*

Sie gleicht unserem irdischen Körper. Sie verfeinert und verjüngt sich dann entsprechend ihrer geistigen Entwicklung.

12. *Die meisten Menschen haben Angst vor dem Übergang, d.h. Angst vor dem Sterben. Was kann man dagegen tun?*

Der Vorgang beim Sterben ist ähnlich dem bei der Geburt. Die Geburt ins materielle Leben ist ein ganz natürliches Ereignis; die Seele wechselt die Ebene. Sterben ist eine Geburt in die geistigen Welten.

Die unübertroffen beste Vorbereitung auf unseren Wechsel in die feinstoffliche Seinsform besteht darin, sich als Mensch während der Erdenzeit bereits auf die lichten geistigen Bereiche auszurichten. Dies geschieht durch unsere beständige Hinwendung an den Geist des Inneren, an Gott, unseren Vater, und durch ein Leben nach Seinen Gesetzen. Wer so vorbereitet dem Ende seines derzeitigen Erdenlebens entgegensieht, wird keine Angst mehr haben, sondern Hoffnung und Zuversicht.

13. *Wie kann ein Mensch Hoffnung und Zuversicht haben, wenn er erst kurz vor seinem Leibestode von dem Weg erfährt, wenn er also erst dann erkennt, welchen Weg er hätte gehen sollen?*

Jede Einsicht eröffnet sogleich einen Weg, auf dem wir dieser Einsicht folgen können. Die Führung durch den Gottesgeist, durch die Kraft Christi, ist uns jederzeit gewiss, wenn wir sie anzunehmen bereit sind. Auf diese Führung dürfen wir getrost unsere Hoffnung und unsere Zuversicht setzen.

Wenn in der Seele eine Entsprechung besteht, die nur abgebaut werden kann, wenn der Mensch eine Zeitlang „in der Welt" lebt, so ist dies für die Entwicklung seiner Seele eben notwendig und die Voraussetzung dafür, dass er weiterkommt. Dann kann er weitergeführt werden. Er kann oftmals eine gute Strecke auf dem Weg zu Gott dann noch in diesem Erdenleben zurücklegen, aber eine erwachte Seele wird sich auch in der jenseitigen Welt weiterentwickeln. Aufklärung, Rat, Hilfe aus dem Geiste stehen ihr hüben wie drüben immer zur Verfügung.

14. *Ein Mensch stirbt und gilt als klinisch tot. Er hat das Sterben richtig erlebt; er weiß, dass er starb, es war sein letzter Gedanke. Er wird jedoch wieder zum Leben erweckt. Kommt dann die gleiche Seele wieder in diesen Menschen hinein?*

Sicher, denn hier ist die Trennung des Silberbandes noch nicht vollzogen, denn sonst könnte sie gar nicht zurückgeholt werden. Wenn sich die Seele – z.B. durch einen Unfall – schnell vom Körper löste, dann ist das Silberband noch nicht abgetrennt, sondern es verbindet noch Körper und Seele.

15. *Bei einem Unfalltod wird die Seele sehr plötzlich aus dem Körper hinausgeschleudert. Hat die Seele nach einer so schnellen Entkörperung Anpassungsschwierigkeiten?*

Wir müssen auch hier unterscheiden: Handelt es sich hier um einen Menschen, der begonnen hat, sich auf Gott auszurichten, oder handelt es sich um einen geistig unwissenden Menschen, evtl. um einen Materialisten oder Atheisten.

Entscheidend für das Befinden der Seele nach ihrer Entkörperung ist in jedem Falle das Bewusstsein, das sie während dieser Erdenschule entwickelt hat.

Die verschattete Seele nimmt das Bewusstsein ihres unwissenden Menschen mit ins Jenseits. Ihr Bewusstsein reicht über das Irdische, Materielle, nicht hinaus. Die ihr zu Hilfe kommenden Geistwesen werden entweder nicht erkannt oder gar zurückgewiesen. Es kann lange dauern, bis diese Seele ihre neue Situation begreift und akzeptiert.

Eine auf das Geistige ausgerichtete Seele nimmt dankbar die von geistiger Seite angebotene Hilfe an und vermag auch ihren Weg in die ihr gemäße geistige Welt ohne allzu große Schwierigkeiten zu finden.

16. *Wie ist es mit den Seelen derer, die ermordet oder zum Tode verurteilt wurden?*

Auch hier sind es zwei unterschiedliche Situationen für die betreffenden Seelen. Der zum Tode Verurteilte weiß, dass er hinübergehen wird. Er wird sich seinem Bewusstsein entsprechend darauf vorbereiten und das erleben, was wir schon dargelegt haben.

Bei dem plötzlich Ermordeten könnte es schon sein, dass ihm ähnliches widerfährt wie dem Unfallopfer. Wenn er nicht ständig im Gottbewusstsein lebt, wird er sich ja nicht auf dieses Ereignis vorbereitet haben. Seine Seele wird deshalb erschrecken.

17. *Wenn die Seele den Körper ablegt, sieht sie dann die Gottheit?*

Auch hier ist der Bewusstseinsstand der Seele entscheidend. Ist eine Seele in dem Augenblick schon voll gereinigt, so wird es nicht lange dauern, bis sie zur Anschauung Gottes gelangt. Aber die meisten von uns müssen sich noch reinigen, bevor wir als lichte Seele vor Gott hintreten können, um Sein Licht überhaupt ertragen zu können.

Bestattung des Körpers, Kontakte mit Verstorbenen

18. *Ist Feuerbestattung zum Schaden für die Seele? Darf man den Leichnam verbrennen?*

Das hängt wiederum vom geistigen Entwicklungsstand des einzelnen ab. Wer geistig hochentwickelt ist, kann seine Seele schneller vom Körper trennen. Solange der Mensch noch sehr erdgebunden ist, wird die Seele beim Verbrennen des Körpers Schmerz empfinden, da sie noch mehr oder weniger mit ihrem ehemaligen Körper verbunden ist.

19. *Dürfen wir an Verstorbene denken, oder ziehen wir sie dadurch auf die Erde zurück?*

Es wird auf die Art der Gedanken ankommen. Gedanken sind Kräfte und vermögen zu binden. Das Beste, was wir denen, die vor uns die Erde verließen, antun können, ist, sie in Liebe in ihr neues Leben zu entlassen. Sobald es uns möglich ist, sollten wir aufhören, sie noch als unserem Erdenleben zugehörig zu betrachten.

Gebete für unsere Verstorbenen sind der schönste Liebedienst, den wir ihnen erweisen können.

20. *Ist es nicht ganz natürlich, dass ich an mein verstorbenes Kind, an meinen verstorbenen Mann denke? Muss ich nicht ihr Andenken in Ehren halten?*

Werden wir uns einmal dessen bewusst, wer „mein Mann“, „mein Kind“ ist! Beide sind nicht mein Eigentum. Sie sind eigenständige Geistwesen, Seelen, die auf dieser Erdenwanderung ein Stück des Weges an meiner Seite zurücklegten. Uns verbinden karmische Bande, weswegen wir auch ihnen gegenüber nach dem Gebot der Liebe handeln sollten, das uns für alle unsere Nächsten geboten ist.

Wenn die gemeinsame Wanderung beendet wird, sie aus dem irdischen Leben scheiden, so darf ich sie nicht aufhalten. Sie frei ziehen zu lassen, sie nicht durch unangemessene Besitzansprüche an mich zu binden, das ist wahre, selbstlose Liebe! Ihr Andenken in Ehren halten – dies wird dadurch nicht geschmälert.

21. Womit halten trauernde Hinterbliebene die Seele eines Verstorbenen auf der Erde fest?

Zum einen durch die ausnahmslos selbstsüchtigen Bitten dieser Hinterbliebenen im Sinne von: „Bleib doch da! Verlass uns doch nicht! Hilf uns doch!“ Diesen Bitten kann sich eine Seele in aller Regel nicht entziehen.

Und zum zweiten durch die Karmabindung, die ja durch den Tod noch nicht aufgelöst sein muss, zumindest nicht immer zu allen Hinterbliebenen aufgelöst ist. Diese Karmabindungen bedeuten auch so etwas wie ein Miteinander-Verbundensein, bis sich diese Bindungen, diese Karmafäden, aufgelöst haben.

Trauer kann auch zu Selbstmitleid werden. Prüfen wir uns.

22. *Soll man jahrelang auf den Friedhof gehen, um das Grab eines Verstorbenen zu besuchen, oder bindet man dadurch die Seele an sich?*

Wenn die Seele die Wahrheit und damit ihren geistigen Weg erkannt hat, dann lässt sie sich nicht aufhalten. Dies hängt wieder vom Bewusstseinszustand der Seele ab.

Der Besuch der Gräber kann auch Selbstmitleid des Trauernden sein und sowohl beim Hinterbliebenen als auch bei einer ohnehin noch zum Irdischen tendierenden Seele eine Bindung aufrechterhalten, die eigentlich gelöst sein sollte. Der Friedhofsbesuch bringt daher nichts Positives.

23. *Kann man einen Verstorbenen um Verzeihung bitten?*

Ja, aber man soll ihn nicht direkt ansprechen, da wir sonst seine Seele wieder auf die Erde zurückziehen. Wir sollten den Verstorbenen über Christus um Verzeihung bitten.

24. *Es wurde gesagt, dass wir Menschen uns als Seelen in den himmlischen Ebenen wiedersehen werden.*

Jede Seele kann nur so weit aufsteigen, wie sie sich entwickelt hat. Es ist eine Frage der gleichartigen Schwingung. Wenn jede Seele voll entwickelt ist, kommt sie in der Heimat wieder mit all ihren Lieben zusammen.

25. Wie beurteilen Sie die Ahnenforschung?

Ahnenforschung ist gesetzwidrig, d.h. der Ahnenforscher bindet sich an die Vergangenheit, indem er vergleichsweise Tote ausgräbt, sie damit zurückholt und wieder an sich bindet. Sowohl er selbst als auch die Seelen der leiblichen Vorfahren werden damit in ihrer Weiterentwicklung aufgehalten. Wenn unter ihnen noch erdverhaftete Seelen sind, geben wir ihnen dadurch Gelegenheit, sich an uns festzusaugen, um das durch uns zu verwirklichen, von dem sie sich noch nicht gelöst haben.

Die helfenden Boten Gottes bemühen sich unermüdlich um eine jede Seele. Ihnen stehen dabei alle hohen Lichtkräfte zur Verfügung. Die mit dem Schutz, der Belehrung und Führung der Seele betrauten Geistwesen dienen ihr aus der Kraft der göttlichen Liebe und Weisheit, und sie werden alles Erdenkliche tun, um ihren Schützling dorthin zu bringen, wo er dann selbst glücklicher sein wird. Ihrem Wirken sind nur Grenzen gesetzt durch den freien Willen der Seele, welche die Hilfe annehmen oder abweisen kann.

Was wir aber für die Seelen unserer leiblichen Vorfahren tun können: für sie *beten*. Durch das Gebet kann man solchen Seelen helfen; dies ist gesetzmäßig.

26. Was tut man, wenn eine Seele – trotz unseres Gebetes – immer wieder an uns gelangt?

Wir sollten Geduld haben. Geduld in mehrfacher Hinsicht. Wir sollten fortfahren zu beten, und zwar nicht zu der Seele, sondern zu Christus. Wir bitten Ihn, der Seele zu helfen. Dem Gebet wohnt eine starke Kraft inne. Seien wir also geduldig, und vertrauen wir dem Herrn!

Es kann aber doch geschehen, dass wir, ohne direkt etwas in der Richtung bewirken zu wollen, von Zudringlichkeiten einer Seele befreit werden. Und zwar als Folge unserer eigenen geistigen Höherentwicklung.

Oft kommt eine gebundene Seele dadurch zum Nachdenken, dass sie erlebt, wie ein Mensch sich ihrem Einfluss durch geistige Höherentwicklung entzieht. Die Seele kann sodann evtl. zur Einsicht gelangen und ihrerseits den Weg zum Licht einschlagen.

27. Wie können wir einem Verstorbenen mit dem Gebet helfen, wenn doch alles nach dem Gesetz von Ursache und Wirkung abläuft?

Durch unser Gebet wirkt die Barmherzigkeit. Dadurch kann die Wirkung der gesäten Ursache gemildert werden. In welchem Umfange die Wirkung aufgehoben wird, das weiß nur der Vater. Sicher ist, dass unser Vater in allem, was Er bewirkt, nur helfen möchte. Er ist der ewig Gebende. Er weiß, wie Er am besten helfen kann.

28. Ist es nicht vermessen, den Vater zu bitten?

Wir sollen sogar den Vater bitten, den Seelen mehr Kraft zu schenken, dass sie bereuen können. Der Herr sagt uns immer wieder: „Betet für eure Nächsten!"

Durch die liebevolle Hinwendung im Gebet kann positive Energie freigesetzt werden.

29. Darf man auch zum Schutzgeist beten?

Beten Sie zum Vater oder zu Christus. Damit erreichen Sie auch den Schutzgeist. Wenn Sie liebevoll an den Schutzgeist denken wollen, so hat dies auch seine Wirkung; er wird sich darüber freuen, – aber beten Sie immer zum Höchsten, nämlich zum Vater oder zu Christus.

30. Darf man für eine entkörperte Seele beten?

Wir sollen zum Herrn beten, dass Er der Seele Kraft zur Erkenntnis schenkt; aber nie zur Seele direkt beten, da die Gefahr besteht, dass wir sie an uns binden. Wir sollen eine Seele also immer dem Segen des Herrn anempfehlen.

Selbstmord

32. *Wie vollzieht sich das Sterben bei einem Selbstmörder?*

Bei einem Selbstmord vollzieht sich die Trennung der Seele vom Körper wie üblich. Auch einer solchen Seele ist es nach der Entkörperung möglich, bei der Rückschau ihre Tat zu bereuen und Vergebung zu finden.

Es muss zum Selbstmord gesagt werden, dass grundsätzlich eine Flucht vor dem selbstgeschaffenen Karma nicht möglich ist. Die Seele nimmt es mit in die jenseitigen Bereiche und wird es eben später abtragen müssen. Es zeigt sich, dass Selbstmord uns lange anlastet, häufig über mehrere spätere Inkarnationen hinweg.

32. Ist auch bei einem Selbstmörder der Todeszeitpunkt vorherbestimmt?

Würde ein menschliches Leben ganz nach dem Willen der Himmel ablaufen, dann könnte man von einer Vorherbestimmung sprechen. Kommt aber der Eigenwille des Menschen hinzu, also ein menschlicher Wille, der mit dem göttlichen Willen nicht deckungsgleich ist, dann kann der geplante Todeszeitpunkt natürlich eine Veränderung erfahren.

Ein Selbstmord stellt eine extreme Form von menschlich ungesetzlichem Eigenwillen dar, der ganz gezielt den geplanten Todeszeitpunkt verschiebt.

33. Welche Folge hat der Selbstmord für die betreffende Seele?

Die Seele eines Selbstmörders kann vorerst nicht in die reinen Welten aufsteigen. Sie lebt mit all ihren Problemen, die sie zum Selbstmord getrieben haben, weiter, hat aber nicht mehr die Möglichkeiten wie zuvor im Erdenleben, um diese Probleme zu lösen.

34. *Im Jenseits müsste doch alles besser organisiert sein. Es müsste doch Engelwesen geben, die die Seelen leiten und ihnen helfen. Seelen können doch nicht endlos umherirren.*

An der Organisation und den Engeln fehlt es nicht, aber Seelen, die als Menschen auf Erden starrsinnig und unbelehrbar waren, sind es auch im Jenseits. Deshalb ist oft eine Belehrung so schwierig. Auch hier auf Erden tun wir vieles, von dem wir wissen, dass wir es besser lassen sollten.

Aber ewig irren diese Seelen nicht umher. Ständig wird ihnen ja Hilfe angeboten, und irgendwann einmal wird diese Hilfe Früchte tragen. In jeder belasteten Seele liegt die heimführende und heimwärtsstrebende Kraft, der Christusfunke. Durch ihn wird eine jede Seele früher oder später zu ihrer Befreiung und Erlösung finden.

35. Können Selbstmörder wieder inkarnieren?

Jede Seele, die noch Fäden der Schuld an die Erde binden, wird sich wieder auf die Erde begeben, wird also wieder inkarnieren.

36. Ich musste mit ansehen, wie eine gesunde Mutter an Krebs erkrankte. Sie hat sich dann mit Tabletten umgebracht, weil sie am Verzweifeln war. Sie hat doch nichts falsch gemacht?

Diese Krankheit ist nicht umsonst entstanden. Krankheit will dem Menschen immer etwas sagen; sie muss getragen werden, nur so kann Karma ausfließen. Wenn ich emporsteigendes Karma abzublocken versuche, so schlägt mich dies in meiner Entwicklung zurück.

Wenn sich eine Krankheit im Körper abzeichnet, heißt das, dass Seelenschuld in den materiellen Körper ausfließen möchte. Ein Schuldkomplex wird von der Seele abgegeben. Wir sollten darum alle dankbar sein, wenn uns ein körperliches Leiden ergreift. Im vorliegenden Fall hätte die Frau z.B. schmerzlindernde Mittel einnehmen können und durch Nachdenken ihre Seelenschuld erkennen können. Im Seelenreich ist ihr dies nicht so schnell möglich. – Unter Umständen wäre vielleicht sogar eine Heilung möglich gewesen.

37. *Sie sagten soeben, die Frau hätte schmerzlindernde Mittel einnehmen können. Wir wissen, dass der Geist die Schmerzmittel nicht befürwortet. Wie sind diese beiden Aussagen miteinander in Einklang zu bringen?*

Durch schmerzmildernde Mittel kann man alten und schwerkranken Menschen das Leid erträglicher machen, so dass sie sich in ihren letzten

Tagen noch auf unseren Himmlischen Vater ausrichten können.

Karma und Reinkarnation

38. *Ist bei der Geburt der Tod schon vorprogrammiert?*

Ja, aber durch falsches Verhalten können wir unser Leben verkürzen, durch richtiges Verhalten unter besonderen Umständen auch verlängern.

39. *Wie sind die Fehler, die man in Unwissenheit begangen hat, zu bewerten?*

Sie wirken sich nicht so folgenschwer aus, als wenn man als Wissender einen Fehler begeht. Wenn man zur Erkenntnis gelangt ist, kann man darum bitten, dass einem die früher gemachten

Fehler vergeben werden. Mit anderen Worten: Man bittet den Geschädigten um Vergebung.

Weilt dieser nicht mehr im Erdenkleid, so bittet man den Inneren Christus um Verzeihung. Auf diese Weise kommt das Anliegen mit Sicherheit ans Ziel.

40. *Wenn aus einem kranken Körper Karma ausgeflossen ist und die Seele ins Jenseits übertritt, nimmt die Seele Restbestände mit?*

Wenn Restbestände da sind, nimmt die Seele sie mit.

41. *Worin liegt der Sinn, wenn ein Säugling stirbt?*

Vielleicht hat diese Seele nur noch eine ganz kleine Schuld abzutragen. Es kann aber auch sein, dass dieser Säugling der Mutter hilft, über den Tod nachzudenken.

42. *Ist es nicht eine besondere Strafe, als Kind sterben zu müssen oder gar bei der Geburt zu sterben und nicht zu einem Leben zu kommen?*

Wir Menschen sind so daran gewöhnt, unser Erdenleben als *das* Leben schlechthin anzusehen, dass es uns oft schwerfällt, anzunehmen, was der Geist uns jetzt wieder bewusst machen will: Unser wahres, ursprüngliches, unauslöschbares Leben ist unsere geistige Existenz. Diese geistige Existenz bestand vor unserer Inkarnation und wird nach ihr weiterbestehen. Das Kind, das nach sehr kurzem Aufenthalt im Zeitlichen wieder gehen darf, verliert daher nicht das Leben, es geht vielmehr in sein eigentliches Leben zurück. Für diese Seele darf man sich getrost freuen.

Eine Inkarnation bedeutet an sich schon Schuldabtragen. Da ein Kind keine Zeit hat, sich neu zu belasten, wird durch diese kurze Inkarnation der Seele ein Teil oder auch der Rest an Schuld, den sie vorher noch getragen hat, abgenommen.

Ein geistig entwickelter Mensch wird deswegen auch nicht trauern, wenn ein Kind stirbt, auch wenn es das eigene Kind ist, sondern sich mit der Seele des Kindes freuen über diese große Gnade.

43. *Ähneln sich unsere Körper von Inkarnation zu Inkarnation?*

Ja.

44. *Mit welchen Seelen kommen wir wieder zusammen?*

Das ist eine Frage der gleichartigen Schwingung und der Belastung.

45. *Wann geht der Seele die Rückerinnerung verloren?*

Man muss dies so sehen: Die Seele erinnert sich in den geistigen Ebenen ihrer früheren Leben, nur wenn sie in eine neue Inkarnation geht, wird die Erinnerung abgedeckt. Wenn dies nicht der Fall wäre, so wäre ja schon eine Vorprogrammierung da. Wir sollen nicht das Wissen über unsere Vorleben anstreben. Was wir jetzt erkennen müssen, um uns zu einem höheren Bewusstsein emporzuarbeiten, wird uns in diesem Leben ganz sicher bewusst werden.

46. *Wir wissen, dass wir alle schon ein paar Male auf der Erde waren. Wenn jetzt meine Seele austritt, weiß ich dann von meinen vorherigen Leben, was ich alles angestellt habe?*

Es wird uns gesagt, dass wir dann alles sehen.

47. *Und wenn ich mich dann nicht weiterentwickelt habe und nicht aufgestiegen bin?*

Wenn wir ein Erdenleben nicht zu unserer geistigen Höherentwicklung genutzt haben, so haben wir den Sinn, die Aufgabe dieser Inkarnation nicht erfüllt. Wir haben göttliche Energie und Kraft verschleudert. Wir kehren mit leeren Händen von der Erdenreise zurück. Wenn wir hier auf Erden das Ziel einer Schulklasse nicht erreicht haben, müssen wir die Klasse wiederholen, bevor wir in die nächste Klasse aufsteigen können.

48. *Kann eine Seele in ihre frühere Familie hineinschauen?*

Ja, aber sie soll es nicht tun. Eine höher entwickelte Seele hat gar kein Bedürfnis danach.

49. *Zu meiner Freiheit gehört doch aber auch der Überblick der Seele, um meine Fehler erkennen zu können?*

Sicher, den bekommen Sie auch. Vor dem Erdengang werden der Seele die Möglichkeiten der vor ihr liegenden Inkarnation gezeigt.

Nach dem Ablegen des Körpers kann die Seele wiederum alles erkennen, was sie in der zurückliegenden Inkarnation alles erfüllen konnte.

Wie in einem Zeitraffer-Film kann die Seele vor dem Austritt aus dem physischen Körper ihr letztes Erdenleben nochmals erleben. Sie kann dann selbst erkennen, wie weit sie ihre Vorhaben verwirklichen konnte, ob sie das sogenannte „Klassenziel" erreicht hat, ob sie der Absolutheit, dem Vater, ein Stück nähergekommen ist.

50. Wenn man wiedergeboren wird und in einem Vorleben etwas Schlimmes erlebt hat, das einem viele Qualen verursacht hat und nun in der Seele gespeichert ist – wird man dann in sich eine Warnung vernehmen, wenn etwas in der gleichen Art sich anbahnt, so dass man sich scheut, dasselbe wieder zu tun?

Wir werden immer durch innere Impulse gewarnt, wenn wir in einer solchen Gefahr sind.

Die Frage ist, ob wir überhaupt darauf hören und folgen.

Der Geist lässt uns nicht unwissend. Jetzt wird uns angeboten, den Inneren Weg zu gehen. Je mehr die Erkenntnis in uns – über uns – zunimmt, desto mehr wird sich das, was in den Seelenhüllen gespeichert ist, in das Bewusstsein heraufheben. Dann steigen langsam Seelenbilder hoch. Auf diese Art und Weise können wir die *Vergangenheit nach und nach bewältigen.* Es ist also nicht so, dass wir unwissend bleiben müssen über das, was uns belastet.

51. *Wie ist es z.B., wenn Zivilisten durch Kriegseinwirkungen plötzlich aus dem Leben scheiden, also ohne dass eine erkennbare Schuld da ist? Ich weiß schon, dass dies auch karmisch bedingt ist, aber vielleicht könnte man es doch einmal erläutern.*

Hier muss man voranstellen, dass es im ganzen Universum keinen Zufall gibt. Denn gäbe es nur einen einzigen Zufall, so wäre das Chaos.

So ist also auch jede Begegnung unter Menschen kein Zufall. Es kommt darauf an, wie ich einem Menschen begegne, und wenn es nur jemand auf der Straße ist, der mich nach dem Weg fragt. Selbst das kann ein karmischer Zweig sein, dem ich irgendwie begegnen musste. Es kann z.B. jemand sein, dem ich in einem früheren Leben einmal sehr barsch die Auskunft verweigert habe. Mit dieser Begegnung habe ich die Möglichkeit, es wieder gutzumachen.

Wenn Menschen, die selbst an einer Kriegshandlung nicht beteiligt sind, unter ihr aber leiden oder sogar zu Tode kommen, so ist es durchaus möglich, dass ihre Seelen in einem früheren Leben schuld daran waren, dass viele ihrer damaligen Mitmenschen bei kriegerischen Geschehnissen umgekommen sind. Dadurch, dass jetzt sie bei einer Kriegshandlung zu Tode kommen, wird dieser Teil der Schuld abgetragen.* In

* Das entschuldigt aber nicht den Täter, denn er hat durch das Töten eines Menschen gegen das Gesetz der Nächstenliebe und gegen das Gebot Gottes „Du sollst nicht töten" verstoßen und damit eine neue Ursache gesetzt.

allem, was mit den Unruhen und der Gefährdung von Bestehendem vor, während und nach einem Krieg im Menschen aufbricht, kann Karma mancherlei Art ausfließen. Aber es kann auch neues entstehen, denn wo negative, zerstörerische Kräfte sich austoben, gesellen sich vermehrt die Beeinflussungen aus dementsprechenden Schwingungsbereichen hinzu. Angst, Sorge, Panik und anderes mehr öffnen den Einstrahlungen finsterer Mächte Tür und Tor.

Planeten und Reinigungsebenen

52. *Nach dem Tod des Körpers gibt es für die Seele keinen Raum und keine Zeit mehr. Andererseits sollen wir auf anderen Planeten weiterleben. Da ergibt sich doch eine Diskrepanz.*

Es gibt sieben Fallbereiche, sieben verschiedene Schwingungsebenen. Diese sind aber nicht stufenweise angeordnet, sondern sie fließen ineinander über. Jeder Planet der verschiedenen

Galaxien ist von allen sieben Ebenen umgeben. Nach dem Tod des Körpers geht nun die Seele auf eine der vier Reinigungsebenen, auf einen der vielen Planeten, wo sie *die* Schwingung vorfindet, die dem Zustand ihrer Seelenschwingung entspricht.

53. *Kann man die Planeten, auf welchen die Verstorbenen sind, noch sehen, und kann man auch die Seelen mit unseren Augen noch wahrnehmen?*

Ja, man kann die Planeten sehen. Auch auf der Erde leben Seelen. Doch wenn eine Seele auf einer bestimmten Stufe lebt, kann sie nur noch von Gleichschwingenden und von Höherschwingenden gesehen und verstanden werden. Wir Menschen können mit unseren materiellen Augen nur Materielles wahrnehmen.

54. *Die Erde ist der einzige Platz, wo alle Bewusstseinsstufen gleichzeitig und miteinander vor-*

handen sind. Gibt es noch andere Planeten, auf denen vollmaterielle Wesen leben?

Die Erde ist der einzige Ort, wo materielle Wesen leben.

55. *Angeblich ist die Erde der tiefste Punkt des Universums, tiefer kann man nicht fallen. Die Seelen, die sich auf der Erde aufhalten: Sind das nun ausschließlich die Seelen, die am weitesten von Gott entfernt sind, oder können sich auch andere Seelen hier auf der Erde aufhalten, entweder ohne oder mit Körper?*

Die Erde ist der gottfernste Punkt des Universums. Darüber kommen die Astralebenen, dann die Reinigungsebenen, dann die Lichtmauer, dahinter die reinen Himmel. Der einzige Ort, auf dem sich Wesen sämtlicher Entwicklungsstufen aus allen diesen Ebenen befinden, ist die Erde. Sie ist bewohnt sowohl von Menschen mit Seelen, die sich extrem weit von Gott entfernt haben, als auch von Menschen mit Seelen, die einen höheren geistigen Reifegrad besitzen. Es befinden sich auf unserem Planeten also alle Kategorien von geistigen Entwicklungsstufen bis hin zu reinen Lichtwesen, die sich zur Heimholung, zur Rettung der gefallenen, verschatteten Seelen, auf dieser Erde inkarniert haben.

Von den entkörperten Seelen halten sich nur die erdgebundenen, stark verschatteten im Bereich der Erde auf. Außerdem versehen viele reine Geistwesen als Schutzengel ihren Dienst auf der Erde, wie sie dies überall in den Fallreichen tun.

56. *Ich habe gelesen, und zwar in einer Offenbarung, dass die Seele nach ihrem Tod, je nach ihrem Schwingungsgrad, in bestimmte Astralbereiche kommt und sich dort ausruht und dann belehrt wird. Jetzt komme ich mit den erdgebundenen Seelen nicht ganz in Einklang.*

Wir haben vorhin gehört, dass die Situation der Seelen bei ihrem Hinübergang sehr unterschiedlich ist. Wie der Baum fällt, so bleibt er liegen, hat Christus in einer Offenbarung gesagt.

Wenn jemand nur das Leben hier auf dieser Erde als Leben ansieht, so wird er nicht die seelische Kraft in sich haben, überhaupt darüber hinauszukommen.

Er wird sich weiter auf der Erde betätigen wollen. Er wird gar nicht die Möglichkeit suchen, anderswo hinzugehen.

Aufgrund seiner Willensfreiheit bleibt er also auf der Erdsphäre, bleibt eine erdgebundene Seele und geht nicht in den Astralbereich hinein, bis er zur Einsicht gelangt und sich von dem Führerengel weiterführen lässt.

57. Worin besteht die Aufgabe oder Arbeit einer Seele nach dem leiblichen Tod?

Alle die Seelenpartikel, die sie belastet hat, zu durchlichten und zu reinigen. Dieses Durchlichten und Bereinigen erfolgt dadurch, dass sie z.B. die Fehler erkennt, bereut und wieder in Ordnung bringt und natürlich nicht wiederholt. Das ist auch im geistigen Kleide möglich, durch den Liebedienst an anderen Seelen. Das wird die Hauptarbeit sein. Wir werden dann nicht mehr für unser tägliches Brot arbeiten, sondern für unsere tägliche Vervollkommnung.

58. *Eine Seele kann sich im Seelenzustand weiterentwickeln; kann sie sich auch belasten?*

Eine Weiterbelastung ist nicht möglich, sie könnte allerdings in dem Zustand bleiben, in dem sie ist, d.h. nicht vorankommen.

59. *Muss man grundsätzlich zwischen Astralseelen und erdgebundenen Seelen unterscheiden?*

Ja.

60. *Wo geht eigentlich die Seele hin, wenn sie in ein neues Leben kommt; geht sie eventuell sogar in ein Tier oder woanders hin?*

Eine Rückentwicklung in eine Tierseele ist nicht möglich.

61. *Wenn eine Seele im Erdenkleid ein Trinker war und nun, erdgebunden, im Seelenkleid in die Gasthäuser geht und sich an Trinker hängt, um mitzutrinken, da belastet sich die Seele doch?*

Auch eine erdgebundene Seele kann sich nicht weiter belasten. Sie lebt sozusagen in einem Traum, auch wenn sie sich z.B. an Trinker hängt und meint, mitzutrinken. Jeder Mensch, auch der Trinker, hat einen freien Willen, den er nicht einer erdgebundenen Seele unterordnen muss. Wir im Erdenkleid belasten uns ja auch nicht, wenn wir im Traum z.B. jemanden umbringen.

62. *Hat die erdgebundene Seele denn sozusagen Narrenfreiheit? Kann sie ohne Folgen für sich ungesetzlich handeln?*

Eine erdgebundene Seele kann nicht handeln, sie kann nur auf Menschen einwirken, die sich beeinflussen lassen. Auf der Erde sind wir vielen Gefahren und Versuchungen ausgesetzt. Wir haben uns ständig zu bewähren. Belasten können nur wir uns, wenn wir diesen Einflüssen nachgeben.

63. Wo werden sich Verbrecher nach dem Tod wiederfinden? Verbrecher wie Mörder z.B. oder Menschen, die sich an der Natur vergehen?

Eine entkörperte Seele fühlt, denkt, will und handelt so, als sei sie noch im Körper. Sie verhält sich, wie es ihrem Bewusstseinszustand entspricht. Sie hält sich in ihrem Schwingungsbereich auf.

Nach dem Gesetz „Gleiches zieht Gleiches an" ist sie umgeben von ihresgleichen: wenn sie sich auf der Erde aufhalten sollte – von Menschen, die diesem Schwingungsbereich entsprechen, in den Astralbereichen von entsprechenden Seelen. In den Seelenbereichen ist eine Seele fast nur von ihresgleichen umgeben. Die gleichgearteten Seelen wirken auf sie wie Spiegelbilder, es fehlen die Anregungen Andersgearteter. Sie wird dort auch von einer Art Gruppengeist festgehalten. Aber auch solche Seelen sind nicht ohne Schutzgeist, d.h. sie sind nicht ohne weitere geistige Impulse, die sie letztlich ebenfalls, Schritt für Schritt, zum Vater zurückbringen werden. Nur hat es in den Seelenreichen eine solche Seele aus den genannten Gründen wesentlich schwerer als auf der Erde, sich weiter und höher zu entwickeln.

64. *Wie vollziehen sich das Tilgen von Schuld und die geistige Höherentwicklung in den Astralbereichen?*

Das Reifen der Seele ist in den Astralbereichen oder Reinigungsebenen sehr viel schwieriger und zeitaufwendiger als auf der Erde. Obwohl es den Begriff Zeit nur in der Materie gibt, kann man trotzdem sagen, dass es länger dauert, den Seelenleib zu reinigen und zu durchlichten.

Grundsätzlich ist geistige Höherentwicklung – hier wie dort – in der Entwicklung der selbstlosen Liebe begründet. Der Weg zurück zu Gott führt – hier wie dort – über Selbsterkenntnis und Verwirklichung, d.h. über das Ablegen des Unguten, des Fehlers. Diese Vorgänge sind in den Seelenreichen weit langwieriger und auch teilweise erheblich schmerzhafter als im Menschenkleid auf der Erde.

65. Wird eine Kinderseele im Jenseits als Erwachsener ankommen oder als Kind?

Ein verstorbenes Kind ist auch im Jenseits als Seele ein Kind und bedarf dort ebenfalls einer Entwicklung, wie es sie hier auf der Erde durchlaufen hätte. Dort allerdings in den Kinderbereichen, die seinem Bewusstsein entsprechen.

Die Seelen der Kinder sind noch viel offener für die Belehrungen des Geistes. Sie nehmen die himmlische göttliche Ordnung und die Möglichkeiten der geistigen Realität leichter an und entwickeln sich daher rasch. Da sie auch noch nicht so stark von intellektuellen Sichtweisen geprägt und gebunden sind, wachsen und reifen sie unbehinderter als eine durch ein langes Erdenleben verpolte Seele. Ihre Entwicklung in den Seelenreichen ist von der Freude am Entdecken neuer geistiger Möglichkeiten geprägt. Sie erfassen noch mehr oder weniger die Ganzheit, sind ihr noch nahe. Sie erweitern ihr Bewusstsein ohne große Mühe und Anstrengung, wie im Spiel. Daher sprach ich von „Kinderbereichen".

Allgemeine Fragen

66. *Was ist die Partikelstruktur der Seele?*

Die Seele ist in der Partikelstruktur aufgebaut. Die einzelnen Partikel sind Lichtzellen und enthalten die Elemente Gottes. Die Partikel sind angeordnet wie das Schuppenkleid eines Fisches. Durch gegensätzliches Leben wird die Strahlkraft in der Partikelstruktur verringert, und man spricht dann von der Verschattung der Seele.

67. *Kann es einen Schutz bedeuten, dass das Wissen bei der Inkarnation abgedeckt ist?*

Ja, unbedingt, wenn wir alle unsere Belastungen aus den letzten Leben sehen könnten, hätten wir nicht den Mut und die Zuversicht für einen Neubeginn.

68. *Wenn man sich bemühen würde, von heute auf morgen seine Fehler abzulegen, wäre es dann möglich, die Innere Schau zu erlangen?*

Ja. Ein Mensch, der sich bemüht und bereit ist, seine Fehler abzulegen, entwickelt sich geistig, und es wird ihm möglich sein, den mystischen

Pfad zu beschreiten. Durch die beständige Verbindung mit unserem Herrn kann er von Ihm direkt geführt und inspiriert werden.

Allerdings geht das Ablegen der Fehler schrittweise vonstatten. Alle Fehler mit einem Schlage abzulegen, von heute auf morgen, kann nicht gelingen.

69. *Kann ich in einem Leben alle Stufen schaffen?*

Ja.

70. *Sehen Sie, ich bin 80 Jahre alt; ich weiß, dass es zu Ende gehen wird. Jetzt möchte ich gerne wissen: Wo geht es hin? Ich habe erst jetzt vom Inneren Weg gehört.*

Sie haben heute so viel vom Leben in anderen Welten gehört. Manches wussten Sie sicher bereits schon. Wenn Sie sich in den letzten Jahren Ihres Lebens das alles bewusst machen und sich auf unseren Herrn, Jesus Christus, ausrichten und nach dem Ablegen Ihres Körpers nicht in der Materie verharren wollen, sondern in den geistigen Bereichen dem Lichte zustreben, brauchen Sie sich vor nichts zu fürchten.

71. *Alles, was ich intellektuell verarbeite, kann mir sehr viel helfen, indem ich die Zusammenhänge besser begreife und mich auch richtig verhalten kann. Auch der heutige Tag brachte sehr viel an Wissenswertem. Inwieweit hilft mir dieses Wissen für meinen Weg?*

Unser ganzes Wissen ist nur ein Landkarten-Wissen. Es hilft uns sehr, uns im neuen Land schneller zurechtzufinden. Darüber hinaus ist intellektuelles Wissen für den Inneren Weg unwesentlich. Es steigert nur unser Ich-Gefühl und unser Selbstbewusstsein. Das ganze Wissen hat letztlich nur dann Wert, wenn wir es *in uns* verwirklichen.

72. Wenn es mir schlecht geht, dann sind es also die Seelen, die mich beinflussen.

Zunächst begebe ich mich selbst in eine niedere Schwingung dadurch, dass ich niederen Empfindungen und Gedanken nicht wehre. Ich lasse sie in mir wachsen, begebe mich also auf diese Schwingung. Bleibe ich auf dieser Schwingung, ohne zu erkennen: Halt, lieber Freund, wo bewegst du dich wieder – dann nähern sich die Seelen, die in dieser Schwingung sind und beeinflussen mich noch mehr. Denn Gleiches zieht Gleiches an, das ist ein göttliches Gesetz. So ziehe ich auch die Seelen an, die auf dieser Schwingungsebene hier auf dieser Erde gebunden sind. Diese können mich dann noch mehr hinabziehen, wenn ich ihnen nachgebe.

73. Sind nicht auch ein paar gute Geister da?

Sicher, unser Schutzgeist ist da, und es gibt Abermillionen von reinen Geistwesen, die versuchen, die Menschen zu führen. Fragen Sie sich beispielsweise: Wie sind Sie zu diesem Vortrag gekommen? Wie werden Menschen in eine bestimmte Richtung geführt? Es gibt *keine* Zufälle, und so schieben diese vielen guten Geistwesen uns Menschen immer wieder dorthin, wo wir die Gelegenheit haben, den Weg zu finden. Wir haben natürlich die Freiheit, die Wegweisung anzunehmen oder nicht.

74. Hat die Ernährung einen Einfluss auf die Seelenentwicklung?

Ganz sicher: Der Geist spricht ganz deutlich und klar, dass wir uns von den Früchten nähren sollen, die uns die Erde freiwillig gibt. Das wird natürlich bei unserer jetzigen Ernährungsweise nicht gleich 100% möglich sein.

Der Geist empfiehlt uns, schrittweise vorzugehen. Wenn beispielsweise jemand Fleisch isst, so kann er versuchen, dies langsam abzubauen. Dies sollte man nicht aus äußerlichen Gründen der Gesundheit zuliebe tun, indem man sagt: „Das Fleisch bekommt meinem Körper nicht“, sondern aus der Überzeugung: Das Tier ist mein Übernächster, und wenn ich es für meine Ernährung umbringe, dann habe ich getötet.

Eine harmonische geistige Entwicklung bezieht alle Lebensbereiche mit ein, auch den der Ernährung. Denn: Alles ist Schwingung. Dieses Wissen ist natürlich im Laufe der Jahrhunderte teilweise verschüttet worden. Warum, wissen Sie selbst.

Wir sollen also langsam eine Ernährung für uns finden, die uns bei unserer Seelenentwicklung zugute kommt.

75. Ist man so lange nicht rein genug für den Inneren Weg, wie man noch Fleisch isst?

Wer den Inneren Weg beschreiten möchte, bekommt keine Speisegebote auferlegt. Mit der Entwicklung seines geistigen Bewusstseins wird er selbst zu der Erkenntnis kommen, was richtig ist. Aus der Liebe zum Vater und zu Seinen Geschöpfen wird man, von innen heraus, nach und nach alles ablegen können, was nicht den göttlichen Gesetzen entspricht.

Zitate

„Wir können heute mit absoluter Gewissheit sagen, dass der Tod in der Art, wie wir ihn bisher verstanden haben, in Wahrheit nicht existiert. Es gibt für mich nicht den geringsten Zweifel, dass unser Geist, unsere Seele – oder wie immer man es nennen mag – den Tod unseres physischen Körpers überdauert."

Dr. Elisabeth Kübler-Ross

"Wenn wir herausfinden können, was nach dem Tod tatsächlich mit uns geschieht, könnten wir Millionen Menschen auf dieser Welt das Hinübergehen leichter machen."

Dr. Elisabeth Kübler-Ross

„Wenn Sterben doch ganz anders ist, als wir immer dachten, wird auch unser Leben anders sein!"

Johann Christoph Hampe

„Beim Sterben wechselt der Mensch mit allen seinen Eigenschaften aus der physischen Welt in die geistige hinüber, wo er eine geistige Leiblichkeit hat. Unmittelbar nach seinem irdischen Tod lebt der innere Mensch oder die Geistseele im Jenseits weiter. Das Leben findet durch den Tod also keine Unterbrechung."

Emanuel Swedenborg

„Ich wurde dann Berufspflegerin, und diese Berufung übte ich zwanzig Jahre aus. Ich war Zeugin vieler Todesvorgänge, aber immer, sofort nachher, sah ich die Geistform, in Erscheinung eines ätherischen Doppels der menschlichen Form, Gestalt annehmen über dem Körper, in dem das Leben erlosch, und verschwinden."

Joè Snell

„Der Tod gleicht dem Schlafe. Man hat keine Schmerzen bei dem Übergang, höchstens im Falle einiger körperlicher Beschwerden und besonderer geistiger Vorbedingungen. Wie ein erschöpfter Mensch vom tiefen Schlafe überfallen wird, so kommt der Schlaf des Todes über den Menschen.

Über viele kommt der Tod so plötzlich, dass sie sich nur schwer klar machen können, die materielle Welt verlassen zu haben und in die Welt der Geister eingetreten zu sein. Verwirrt durch die vielen neuen und schönen Dinge, die sie rings um sich sehen, glauben sie, eine Gegend oder Stadt der physischen Welt zu besuchen, die sie nie vorher gesehen haben. Erst wenn sie genauer belehrt worden sind und sich klar machen, dass ihr Geistleib verschieden ist von dem früheren materiellen Leib, erkennen sie, dass sie wirklich aus der materiellen Welt ins Reich des Geistes versetzt worden sind."

Sodhu Sundar Singh

Lesen Sie auch:

Was Ihnen verschwiegen werden sollte:

Reinkarnation

Eine Gnadengabe des Lebens
Wohin geht die Reise meiner Seele?

Wo ist unsere Heimat? Sind wir in dieser Welt zu Hause? Oder sind wir nur auf der Durchreise, als mehr oder weniger geduldeter Gast? Ist die sichtbare Materie der Urgrund, der uns trägt - oder stammen wir woanders her? Ob es Reinkarnation, also die Möglichkeit wiederholter Einverleibungen, gibt oder nicht, ist kein Thema für esoterische Zirkel. Die Verdrängung dieses uralten, auch im frühen Christentum noch lebendigen Menschheitswissens durch die entstehende Machtkirche hatte fatale Folgen für die gesamte Geschichte der Menschheit bis heute. Um so wichtiger bleibt es, die Chance zu erfassen und zu nützen, die uns dieses Wissen bietet, sobald wir es in die Tat umsetzen.

100 S., kart., Best.-Nr. S 380. ISBN 978-3-89201-273-3
Euro 9,80 (D). Euro 10,10 (A). Fr 18,00

Jeder stirbt für sich allein

Das Leben und Sterben,
um weiterzuleben

Wer sein Leben zu verstehen lernt, fürchtet sich nicht mehr vor dem Tod. Gabriele beschreibt den Weg, auf dem wir die Angst vor dem Tod überwinden und zu einem bewussten Leben, zu Sicherheit, Gelassenheit und innerer Standfestigkeit finden können. Außerdem: Jeder Mensch stirbt anders - Aufbau der feinstofflichen Seele - Gefahren bei Kontaktaufnahme zu Jenseitigen - Der sogenannte „Tote" ist nicht immer tot - u.v.a.m.

168 S., geb., Best.-Nr. S 368. ISBN 978-3-89201-197-2
Euro 14,80 (D). Euro 15,30 (A). Fr 26,60

Dein Leben im Diesseits ist Dein Leben im Jenseits

Wie wird es sein, drüben? Im Jenseits gibt es lichte, feine Welten, aber auch düstere Bereiche des Leids.

Gabriele beschreibt unter anderem: Den Weg der Seele in die jenseitigen Bereiche - MIt welchen anderen Seelen werden wir zusammen sein? - Die Seele, der Mikrokosmos im Makrokosmos - Lebensspanne und Todesspanne - Die Aura des Menschen zeigt, mit welchen Kräften er in Verbindung steht - u.v.a.m.

168 S., kart., Best.-Nr. S 316. ISBN 978-3-89201-261-0.
Euro 10,00 (D). Euro 10,30 (A). Fr 18,30

SEIN AUGE Die Buchhaltung GOTTES

Der Mikrokosmos im Makrokosmos

Als dieses Buch von Gabriele im Jahr 1992 erschien, erregte es bei vielen bereits große Aufmerksamkeit. Seine wahre Brisanz wird erst heute deutlich. Was wir fühlen, denken, reden und tun, wird in unserer Seele wie in einem Computer gespeichert. Außerdem: Genbruchstücke in Luft, Wasser, Nahrung - Fremdprogramme überlagern das physische Erbgut - Die Bedeutung einer Inkarnation für die Seele - u.v.a.m.

212 S., geb., Best.-Nr. S 318. ISBN 978-3-89201-0623.
Euro 14,00 (D). Euro 14,40 (A). Fr 25,30

Gerne übersenden wir Ihnen ein aktuelles Buchverzeichnis.
Fragen Sie auch nach kostenlosen Leseproben!

Verlag DAS WORT GmbH
Max-Braun-Str. 2, 97828 Marktheidenfeld-Altfeld
Tel. 09391/504135. Fax 09391/504133
Internet-Shop: www.das-wort.com